ISM Working Paper No. 15

Stephan Bingemer; Martin Ohlwein

Mit Customer Experience Management die Digitalisierung meistern – Die Rolle von Unternehmenskultur und -organisation

Bingemer, Stephan; Ohlwein, Martin: Mit Customer Experience Management die Digitalisierung meistern – Die Rolle von Unternehmenskultur und -organisation

Herstellung: BoD – Books on Demand, Norderstedt
ISBN 978-3-7526-4268-1
ISSN 2627-4868

ISM - International School of Management gGmbH
Otto-Hahn-Str. 19 · 44227 Dortmund
www.ism.de
Tel.: 0231.975139-0 · Fax: 0231.975139-39
ism.dortmund@ism.de

Bingemer, Stephan; Ohlwein, Martin (2020): Mit Customer Experience Management die Digitalisierung meistern – Die Rolle von Unternehmenskultur und -organisation, Dortmund und Norderstedt, BoD – Books on Demand (ISM Working Paper ; 15)
ISBN 978-3-7526-4268-1

Inhaltsverzeichnis

Bingemer, Stephan; Ohlwein, Martin: Mit Customer Experience Management die Digitalisierung meistern – Die Rolle von Unternehmenskultur und -organisation

Abbildungsverzeichnis

Abstract

Confronted with digitization, many companies establish customer experience management (CEM) as a measure to become a customer-centric organization. Based on a pre-study of 25 qualitative interviews with executives from different industries, this paper derives a conceptual approach that helps managers to effectively drive the necessary changes that come along with digitization. This work suggests that digitization is much more a matter of culture and adoption than it is one of technological capabilities and IT invest. This paper provides a segmentation and guides managers confronted with the task to lead their companies towards the "holy grail of digitization".

1   Einleitung

Die Digitalisierung verändert nicht nur unseren Alltag, sie hat auch vielfältige Auswirkungen auf das Handeln von Unternehmen (vgl. Erdem et al. 2016: 3; Rust 2006: 2). In einem Umfeld, das von zunehmender Dynamik, Globalisierung sowie neuen Formen der Mobilität, der Information und der Kommunikation geprägt ist, sehen sich diese mit immer höheren Anforderungen an Flexibilität und Kreativität konfrontiert (vgl. Erdem et al. 2016: 3f.). Um im Wettbewerb bestehen zu können, müssen Unternehmen individuelle, personalisierte Angebote machen, die Kunden begeistern (vgl. Erdem et al. 2016: 3; Lemke et al. 2011: 846). Zudem gilt es, das Kundenerlebnis an jedem Touchpoint effektiv zu managen und zugleich alle Touchpoints, ob digital oder analog, optimal zu orchestrieren. Auf der Suche nach Lösungen gelangen Manager unweigerlich zur Idee eines systematischen Customer Experience Managements (CEM). Ein effektives CEM ist eine zentrale Herausforderung für Wissenschaft und Unternehmenspraxis (vgl. Accenture 2015; Homburg et al. 2017: 377; Lemon/Verhoef 2016: 69; Marketing Science Institute 2014; Marketing Science Institute 2016; Marketing Science Institute 2018). Entsprechend hatten bereits vor fünf Jahren neun von zehn Unternehmen einen digitalen Transformationsprozess eingeleitet (vgl. Bloomberg 2014).

2   Stand der Forschung

Führungskräfte verbinden mit CEM regelmäßig die unrealistische Hoffnung, eine Allzweckwaffe gegen die wesentlichen Herausforderungen in der Hand zu haben, die die Digitalisierung für das Marketing mit sich bringt (vgl. Löffler/Gouthier 2017: 55). Was oft übersehen wird: CEM kann nur dann erfolgreich sein, wenn Kundenorientierung in der DNA des Unternehmens verankert ist (vgl. Chakravorti 2011: 135; Frow/Payne 2007: 99; Schneider et al. 1998: 151). Es genügt nicht, dass der Kunde im Unternehmensleitbild eine Rolle spielt, sondern er muss Ausgangspunkt allen Denkens und Handelns sein.

Bingemer, Stephan; Ohlwein, Martin: Mit Customer Experience Management die Digitalisierung meistern – Die Rolle von Unternehmenskultur und -organisation

Manager müssen verstehen, dass die Einführung von CEM eine konsequente Ausrichtung von Strategie, Unternehmenskultur und Organisationsstruktur am Kunden voraussetzt (vgl. Blocker et al. 2011: 229f.; Day 2011: 185ff.; Homburg et al. 2017: 378, 387ff.). CEM setzt eine extrovertierte, kundenorientierte statt einer introvertierten, funktionsorientierten Unternehmensorganisation voraus (vgl. Erdem et al. 2016: 5). Kontrastierend hierzu finden sich zahlreiche Praxisbeispiele, in denen Unternehmen zwar ihren Willen bekunden, sich am Kunden auszurichten, aber zugleich an althergebrachten produkt- oder produktionsorientierten Organisationsformen bzw. an einer nach innen gekehrten Unternehmenskultur festhalten (vgl. Nwankwo 1995: 6). Auch nach einem halben Jahrhundert Marketingtheorie und Marketingpraxis leben nur 40% der Unternehmen Kundenorientierung, d.h. stellen den Kunden konsequent in den Mittelpunkt ihres Handelns (vgl. Eichsteller/Seitz 2017: 4); 60% mangelt es an einer vollständigen Kontakthistorie, 75% erfassen das Feedback ihrer Kunden nicht, und weniger als 20% kennen deren Wünsche und Bedürfnisse (vgl. MUUUH! Consulting 2018: 25).

Selbst wenn sich Unternehmen reorganisieren, ist der Einfluss alter Denk-, Verantwortungs- und Handlungs-Silos mitunter so ausgeprägt (vgl. Nwankwo 1995: 6), dass auch der neue Rahmen noch zu weit vom hoch gesteckten Ziel einer umfassenden Kundenorientierung entfernt ist.

Auf Basis einer ersten qualitativen Vorstudie wurden Perspektiven von Managern aus unterschiedlichen Branchen gesammelt. Auf Basis des gesammelten Feedbacks wurde ein konzeptionelles Papier erarbeitet, dass einen ersten Arbeitsstand auf dem Weg zu umfangreicheren Forschungsprojekten darstellt.

Ein wesentliches Fazit aus den Diskussionen ist, dass es den meisten Unternehmen an den fundamentalen kulturellen und organisatorischen Voraussetzungen mangelt, um CEM effektiv nutzen zu können. In dieser Situation drohen Investitionen in ein professionelles CEM unterstützende IT-Systeme zu einem Millionengrab zu werden. Die nachfolgenden Abschnitte widmen sich der Frage, was Manager tun können, um sinnvoll auf die Herausforderungen der Digitalisierung zu reagieren.

Zusammenfassung

- Viele Unternehmen stellen sich der Herausforderung Digitalisierung, indem sie ein CEM einführen.

- Ohne einen profunden Kulturwandel laufen solche Investitionen ins Leere. Wer effektiv digitalisieren möchte, muss zunächst die kulturellen Voraussetzungen schaffen.

- Dies setzt die Bereitschaft voraus, die existierende Unternehmenskultur und die bestehende Organisationsstruktur an die neuen Herausforderungen anzupassen. Ein solcher Change-Prozess dauert i.d.R. mehrere Jahre.

3 Leitfragen zur Organisation angesichts der Digitalisierung

Unternehmen, die im Wettbewerbsumfeld agil, flexibel und personalisiert vorgehen möchten, müssen ihren Status Quo grundlegend in Frage stellen und u.a. die folgenden Leitfragen beantworten:

- Ist die Aufbauorganisation konsequent am Kunden orientiert?

- Ist sie hinreichend flach, um Ideen schnell realisieren zu können?

- Regt sie zu kreativen Lösungen an?

- Ist die Ablauforganisation an den Kunden statt an Funktionen ausgerichtet?

- Unterstützt die Unternehmenskultur Risikobereitschaft, d.h. werden Fehler toleriert und neuartige Ansätze als Chance begriffen?

- Denken Abteilungen lediglich von Prozessschnittstelle zu Prozessschnittstelle oder auch darüber hinaus?

- Welche Mechanismen existieren, die auf das große Ganze abzielen?

Eine rigorose Aufnahme des Status Quo ist die erste Hürde, die es zu nehmen gilt. Bereits an ihr scheitern viele Unternehmen. Regelmäßig fehlt das Bewusstsein, sich den skizzierten und weiteren Fragen zu stellen. Ist dieses vorhanden, erfordert es viel Disziplin und ein gehöriges Maß an Selbstreflexionsfähigkeit auf Seiten der Führungskräfte, sich mit den harten Fakten auseinanderzusetzen. Unternehmen, bei denen Kundenorientierung bislang kein zentrales Credo war, scheitern hieran insofern regelmäßig, als dass Prüfpunkte vorschnell als erledigt abgehakt werden, bei denen eine sachkundiger Dritter einen erheblichen Handlungsbedarf konstatieren würde (vgl. Nwankwo 1995: 6; Thompson 2015: 11). Darüber hinaus sind die einzuleitenden Veränderungsprozesse häufig so grundlegend, dass es schwerfällt, selbst änderungswillige Mitarbeiter mitzunehmen, von Änderungsresistenten ganz zu schweigen. Ein solches Vorhaben ist ein Mammutprojekt im Bereich der Unternehmenskultur und nicht etwa ein standardisiertes Einführungsprojekt für eine Customer Experience-Softwaresuite.

4 Kultur als zentrale Komponente

Jede Technologie ist ein Wegbereiter und begründet nur dann einen Wettbewerbsvorteil, wenn sie mit Unternehmenskultur und Organisationsstruktur harmoniert. Ein Kunde interessiert sich nicht für die unterschiedlichen organisatorischen Einheiten eines Unternehmens, sondern für das Gesamterlebnis, das ein Unternehmen ihm bereitet. Es ist Aufgabe des Unternehmens (und nicht des Kunden), dass alle Touchpoints

Bingemer, Stephan; Ohlwein, Martin: Mit Customer Experience Management die Digitalisierung meistern – Die Rolle von Unternehmenskultur und -organisation

reibungsfrei ineinandergreifen. Zudem ist, insbesondere in einer agilen Umwelt, Technologie viel schneller und leichter kopierbar als die Unternehmenskultur und die Organisationsstruktur.

Kundenorientierung muss deshalb von Mitarbeitern gelebt und diese von Systemen unterstützt werden, nicht andersherum. Der marktinduzierte Digitalisierungsdruck darf keinesfalls dazu führen, den zweiten Schritt (Technologieimplementierung) vor dem ersten (Kulturveränderung) zu tätigen. Während viele Unternehmen irrtümlich annehmen, sie hätten ein technologisches Defizit, ist deren Unternehmenskultur oftmals das wesentlich gravierendere Problem. In Abhängigkeit vom Grad der Technologie- bzw. Kulturkompetenz eines Unternehmens lassen sich vier Typen unterscheiden (siehe Abbildung 1), die jeweils ein spezifischer Handlungsbedarf auszeichnet, um mit Digitalisierung und CEM einen Wettbewerbsvorteil zu erzielen.

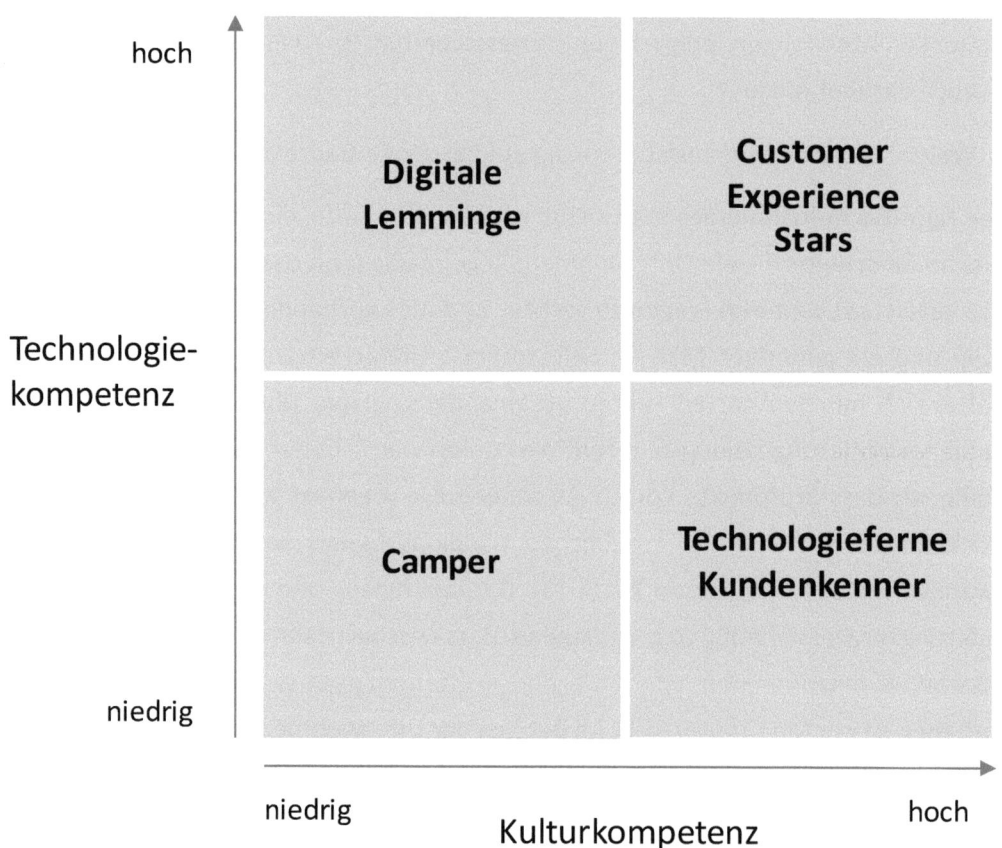

Abbildung 1:   Grundlegende Typen der CEM-Implementierung
Quelle: eigene Darstellung

Customer Experience Stars haben sowohl die Kultur- als auch die Technologiehürde gemeistert. Nur dieser Typus realisiert mit Digitalisierung einen relevanten Wettbewerbsvorteil. Den Status eines *Customer Experience Stars* nehmen vornehmlich digitale Start-Ups sowie Unternehmen ein, die traditionell über einen hohen Grad an Kundenorientierung verfügen (z.B. Apple, Amazon, Under Armour, Starbucks). Sie können sich aus analogen Unternehmen entwickeln oder sie entstehen im Sinne eines 'Born Digital'-Unternehmens auf der 'grünen Wiese'.

Digitale Lemminge sind Unternehmen, die auf den sich beschleunigenden Digitalisierungstrend aufgesprungen sind, ohne über die kulturellen bzw. strukturellen Voraussetzungen zu verfügen, um in diesem neuen Umfeld eine führende Rolle zu übernehmen. Damit haben sie zwar Zugang zu den – häufig durch Übernahme eines *Customer Experience Stars* in der Start-Up-Phase zugekauften – technologischen Möglichkeiten, aber da ihre Unternehmenskultur nicht stringent am Kunden ausgerichtet ist, können sie die sich ergebenden Chancen nicht effektiv nutzen. Interessanterweise tätigen solche Unternehmen ihre Investitionen in die Digitaltechnologie häufig im Irrglauben, sich im Feld der *Technologiefernen Kundenkenner* zu befinden, da sie entweder einen Kulturwandel als nicht notwendig erachten oder in Verkennung der Realität überzeugt sind, bereits über eine kundenorientierte Unternehmenskultur zu verfügen. Zum Kreis der *Digitalen Lemminge* zählen regelmäßig Unternehmen aus (einst) profitablen Dienstleistungsbranchen (z.B. Banken, Versicherungen, Pauschalreiseanbieter).

Technologieferne Kundenkenner haben ihre Prozesse unabhängig von technologischen Investitionen kundenorientiert gestaltet. Sie nutzen digitale Technologie, um schlanke Prozesse effizient zu steuern, und haben Kennzahlen definiert, die sie in IT-Tools hinterlegen, um die Kundenorientierung über die gesamte Wertschöpfungskette hinweg steuerbar zu machen. Ein solches Unternehmen investiert in Technologie und reduziert das Risiko von Projektmisserfolgen, indem es den Kunden im Blick behält. Somit besteht eine gute Chance, durch den Aufbau von Digitalisierungskompetenz einen nachhaltigen Mehrwert zu schaffen. Einige Unternehmen wie Deutsche Lufthansa, Commerzbank, Siemens und Daimler (vgl. Kiani-Kreß 2018: 46ff.; Zetsche 2016) haben diese Herausforderung erkannt und justieren ihr Geschäftsmodell neu. Inwieweit dies ganzheitlich gelingt, wird wesentlich beeinflussen, ob das technologische Potential in einen konkreten Kundennutzen überführt werden kann.

Camper verweigern sich der Digitalisierung und ihrer kunden- und technologiebezogenen Auswirkungen. Sie warten ab und nehmen die Position eines unbeteiligten Beobachters der eigenen Branche ein. Sie schauen dabei zu, wie das eigene Geschäftsmodell durch moderne Ansätze von Wettbewerbern zunehmend kannibalisiert wird, suchen ggf. in einer Nische Zuflucht und hoffen, dass sich eines Tages herausstellt, dass sich der Wettbewerb mit der Digitalisierung verrannt hat, um dann als lachender Dritter wieder an die Spitze des Feldes zu gelangen. Auch wenn diese Strategie in Einzelfällen aufgehen mag, eignet sie sich nicht für ein systematisches Vorgehen in Sachen Digitalisierung.

Bingemer, Stephan; Ohlwein, Martin: Mit Customer Experience Management die Digitalisierung meistern – Die Rolle von Unternehmenskultur und -organisation

Kernthesen

1. Unternehmen haben hohe Erwartungen an das CEM, obwohl sie oft nicht die dafür nötigen kulturellen und strukturellen Voraussetzungen mitbringen.

2. CEM stellt nicht nur an die Technologie hohe Anforderungen, sondern auch an die Unternehmenskultur und die Organisationsstruktur.

3. Auf die Herausforderungen der Digitalisierung reagieren viele Unternehmen reflexartig mit Investitionen in Technologie anstatt mit einer nachhaltigen Veränderung der Unternehmenskultur hin zu mehr Kundenorientierung.

4. Eine flache Hierarchie, Kundenorientierung jedes Mitarbeiters und kundenzentrierte Prozesse entstehen nicht über Nacht. Erst wenn Kultur und Organisation bereit sind, zahlen sich die Investition in die Technologie aus.

5. Um das Potential von kundenorientierten Daten ausschöpfen zu können, werden Mitarbeiter gebraucht, die sowohl datenaffin sind als auch Geschäftssinn besitzen. Eine Kombination von Eigenschaften, über die wenige verfügen.

5   Spezifischer Handlungsbedarf von Unternehmen

In Abhängigkeit vom CEM-Typ eines Unternehmens existiert ein spezifischer Handlungsbedarf, um zum *Customer Experience Star* zu werden. Die Optionen sind in Abbildung 2 illustriert. Nicht immer ist dabei der kürzeste Weg auch der schnellste.

- Am einfachsten ist dies für *Customer Experience Stars* zu beschreiben – sie bleiben am besten dort, wo sie sind, nämlich an der Spitze. *Customer Experience Stars* haben sowohl die kulturelle als auch die technologische Transition erfolgreich gemeistert und profitieren von der Digitalisierung. Gleichwohl ist dieses Vorhaben eine beträchtliche Herausforderung. Die Dynamik der digitalen Technologien verbietet es, sich auf dem Erreichten auszuruhen. Vielmehr muss der Status Quo immer wieder aufs Neue kritisch hinterfragt werden.

- *Digitale Lemminge* haben die kulturelle Komponente des Themas Digitalisierung völlig unterschätzt. Der einzige Ausweg aus diesem Dilemma besteht für sie darin, die kulturellen Voraussetzungen nachträglich zu schaffen (A). Dies ist ein mühsamer Weg, da erhebliche Widerstände zu überwinden sind. Bis zum *Customer Experience Star* dauert es aus dieser Position heraus regelmäßig mindestens fünf Jahre, bis alle wesentlichen kulturellen Veränderungen abgeschlossen und eingeschwungen sind.

- *Camper* sind weder technologisch noch kulturell auf eine Digitalisierung vorbereitet. Der direkte Weg vom *Camper* zum *Customer Experience Star* (B) scheitert häufig daran, dass die Technologie schneller bereitsteht als dass die eigene Organisation verstanden hat, sie effektiv zu nutzen. Dies kann zu Überforderung und Unsicherheit führen und so den ohnehin schwierigen Veränderungsprozess erschweren. *Camper* sollten daher zunächst die kulturellen Voraussetzungen schaffen und dann sukzessive die Technologie digitalisieren (C). Da sich der Abschluss der Kulturtransformationsphase und der Beginn der Technologieeinführung überlappen, dauert dieser Prozess meist nur ein bis maximal zwei Jahre länger als bei einem *Digitalen Lemming*.

- *Technologieferne Kundenkenner* sind kundenorientiert aufgestellt. Das CEM-Potential liegt bislang jedoch weitgehend brach. Um nicht den Anschluss an die Wettbewerber zu verlieren, sollten *Technologieferne Kundenkenner* gezielt technologische Kompetenz aufbauen. Wird dieses Vorhaben mit Nachdruck verfolgt, kann sich das Unternehmen häufig bereits nach 18 bis 24 Monaten zu den *Customer Experience Stars* zählen.

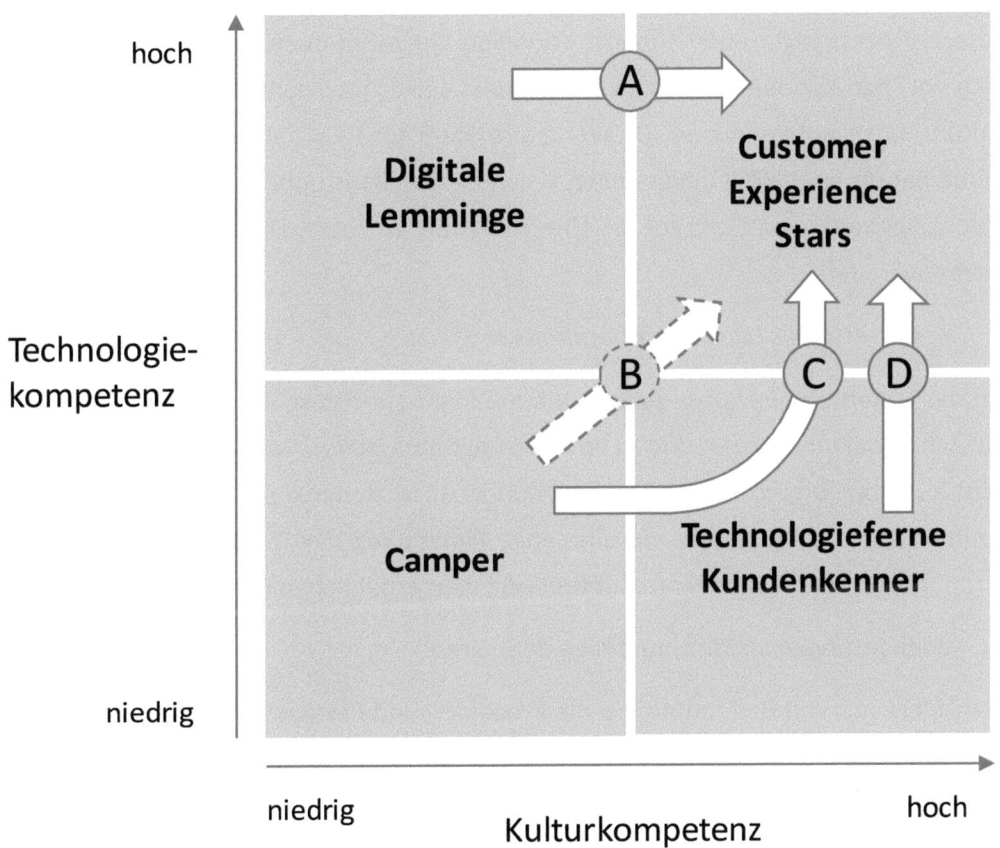

Abbildung 2:   **Effektive Routen zum Customer Experience Star**
Quelle: eigene Darstellung

6   Implementierungsschritte von CEM im Unternehmen

Um mit CEM das Potential der Digitalisierung zu meistern, bedarf es u.a. Konsequenz und eines zumindest mittel-, wenn nicht gar langfristigen Engagements. Hierbei sind die folgenden sieben Schritte systematisch zu durchlaufen.

1.   CEM als Top Management Priorität etablieren

Ohne die Unterstützung des Managements ist eine nachhaltige Veränderung der Unternehmenskultur und der Organisationsstruktur zum Scheitern verurteilt. Die Mitarbeiter müssen wahrnehmen, dass die oberste Führungsebene uneingeschränkt hinter den Veränderungen steht. Dieser Rückhalt muss über den gesamten Implementierungsprozess hinweg bestehen.

2.   Kunden als Inputgeber gewinnen

Wer sein Unternehmen kundenzentriert aufstellen möchte, der darf den Kunden in diesem Prozess nicht ausklammern. In vielen Organisationen herrscht die Überzeugung vor, den Kunden so gut zu kennen, dass seine Anwesenheit bei der Prozessgestaltung nicht notwendig ist. Dieser Irrtum kann für CEM fatale Folgen haben. Der Kunde hat oft eine völlig unverstellte, teilweise durchaus unbedarfte, aber zumindest unvoreingenommene Sicht auf die Unternehmensprozesse. Dieses Potential nicht zu nutzen wäre fatal.

3.   Die Prozesse aus Kundensicht optimieren

Um das Unternehmen konsequent am Kunden auszurichten, sind alle Prozesse systematisch zu dokumentieren und zu optimieren. Dabei ist es unumgänglich, die Prozesse nicht aus Abteilungssicht, sondern aus Kundensicht zu denken. Insbesondere bei der Optimierung von Prozessen, die eine enge Einbindung des Kunden vorsehen, stiftet deren Integration bei der Prozessdefinition einen erheblichen Nutzen.

4.   Rollen festlegen und Schnittstellen definieren

Es ist nicht nur von Bedeutung, ob die Prozesse kundenorientiert gestaltet sind, sondern auch, wie die Prozesse gelebt werden. Dazu müssen Rollen, Verantwortlichkeiten und Schnittstellen verbindlich festgelegt, allseits akzeptiert und konsequent umgesetzt werden.

5.   Die Aufbauorganisation an der Customer Journey ausrichten

Eine an der Customer Journey ausgerichtete Aufbauorganisation ersetzt die alten Silos. Hierbei darf kein Freiraum gelassen werden, der es erlaubt, alte Silos versteckt weiterzuführen. Dies ist Aufgabe jeder einzelnen Führungskraft, die gemeinsam mit dem höheren Management sicherstellen muss, dass dieses Vorhaben realisiert wird.

6. *Change-Management und Kommunikation professionell gestalten*

Dem Management des Veränderungsprozesses selbst und einer kontinuierlichen Kommunikation zu dessen Stand kommen naturgemäß eine hohe Bedeutung zu. Auf dem Weg zum Customer Experience Star geht es weniger um das übliche Change-Management im Rahmen von Großprojekten als vielmehr um ein gesamtheitliches Vorgehen, das die Metamorphose der Unternehmenskultur und Organisationsstruktur begleitet. Eine wichtige Rolle kommt hierbei Leuchtturm-Projekten zu, die den Mitarbeiter erkennen lassen, wohin die Reise geht.

7. *Kontinuierlich Verbesserungen in den Unternehmensalltag aufnehmen*

Eine Unternehmenskultur entwickelt sich nur dann nachhaltig weiter, wenn konsequent vermieden wird, in alte Rollenmodelle zurückzufallen. Dazu ist es unerlässlich, regelmäßig nachzusteuern. Permanent die eigene Unternehmenskultur auf den Prüfstand zu stellen, muss ein Teil der Unternehmens-DNA werden.

7 Nachhaltigkeit der Implementierung

Wer die kulturellen und technologischen Voraussetzungen für eine wertgenerierende Digitalisierung geschaffen hat, ist gut gerüstet. Gleichwohl sind auf dem langen Weg zur digitalen Exzellenz eine Vielzahl von teilweise hohen Hürden zu nehmen. Wer sich rechtzeitig auf diese vorbereitet, hat höhere Chancen, ein nachhaltiges CEM zu etablieren.

Nicht rückfällig werden, sondern Customer Experience stets im Auge behalten

Die Umdeutung des gewünschten Wandels im Lichte des Status Quo ist eine der häufigsten Ursachen, warum Veränderungsprojekte nicht erfolgreich sind (vgl. Harris/Ogbonna 2002: 40f.). Zu vermeiden, dass Mitarbeiter in alte, nunmehr dysfunktionale Verhaltensweisen zurückfallen, zählt in diesem Zusammenhang zu den größten Herausforderungen des Managements (vgl. Garvin/Roberto 2005: 111). Folglich muss darauf geachtet werden, dass Mitarbeiter die Silos, die mit viel Aufwand eingerissen wurden, in der neuen Organisation nicht erneut errichten. Kulturelle, strukturelle und prozessuale Nostalgie sind fehl am Platz und dürfen nicht geduldet werden.

CEM als Top-Management-Aufgabe verstehen

Gerade bei der Einführung konsequenter Kundenorientierung ist nichts so wichtig wie das gelebte Vorbild (vgl. Chakravorti 2011: 136; Schneider et al. 1992: 713; Schneider et al. 1998: 151). Oft existieren innerhalb eines Unternehmens zahlreiche positive Beispiele für praktizierte Kundenorientierung. In Systemen, die Kundenorientierung nicht honorieren, sind dies mitunter Wege an den regulären Prozessen vorbei oder informelle Vorgehens- und Verhaltensweisen. Diese zu identifizieren und wertzuschätzen, sie eventuell sogar als vorbildlich herauszustellen, ist unabdingbar.

Bingemer, Stephan; Ohlwein, Martin: Mit Customer Experience Management die Digitalisierung meistern – Die Rolle von Unternehmenskultur und -organisation

Genauso wichtig ist es, dass Führungskräfte ihre Zeit für einen höheren Grad an Kundenorientierung einsetzen (vgl. Nwankwo 1995: 12). Je prägnanter das Management Kundenorientierung transportiert und vorlebt, eine desto höhere Akzeptanz ist bei den Mitarbeitern zu erwarten (vgl. Chakravorti 2011: 136; Schneider et al. 1998: 151). Insbesondere hierbei spielen Artefakte eine wichtige Rolle: Welche kleinen Geschichten existieren, die kundenorientiertes Verhalten der eigenen Führungskräfte verdeutlichen? Solche weichen Informationen, die nicht systematisch über interne Kommunikationskanäle verteilt werden, finden bei der Belegschaft mitunter hohe Resonanz und wirken als nachhaltiger Beleg für gelebte Kundenorientierung.

CEM nicht in einer eigenen Abteilung verbarrikadieren

Die Umsetzung von Kundenorientierung über alle Ebenen des Unternehmens hinweg ist eine anspruchsvolle Führungsaufgabe in einer Zeit, in der sich Führung selbst stark verändert (vgl. Nwankwo 1995: 12). Es geht um nicht weniger, als jeden Mitarbeiter des Unternehmens zu einem Kundenbotschafter zu machen. Dabei ist nicht nur die Rede von den Führungskräften und Mitarbeitern in Vertrieb und Marketing, sondern auch von solchen in der Finanzabteilung, im Controlling und im Einkauf – es kommt auf das gesamte Unternehmen an (vgl. Homburg et al. 2017: 398). Überall dort, wo es gilt, Unternehmensinteresse und Kundeninteresse zu balancieren, muss der Kunde das Denken und Handeln prägen. Dies ist nur dann möglich, wenn auch Abteilungen, die keinen direkten Kundenkontakt haben, über aktuelle Kundeninformationen verfügen.

Insbesondere Unternehmen, die die Bedeutung von CEM für das Meistern der mit Digitalisierung verbundenen Herausforderungen erkannt haben und davon begeistert sind, neigen dazu, Positionen in der Organisation zu verankern, die Customer Experience im Namen tragen (vgl. Hagen 2011: 35f.). Auch wenn dies den guten Willen unterstreichen und ein Signal an die Belegschaft senden soll, so ist ein ganzheitlicher Ansatz, d.h. jeden einzelnen Mitarbeiter – unabhängig von seiner inhaltlichen Aufgabe – zu einem Customer Experience Manager weiterzuentwickeln, die bessere Option. Bei CEM handelt sich also eher um eine Haltung als um eine konkrete Funktion in der Organisationsstruktur. Existiert eine spezifisch CEM gewidmete organisatorische Position, so besteht die latente Gefahr, dass diese als Ausrede missbraucht wird, warum man selbst nicht für Kundenorientierung verantwortlich ist (vgl. Sinkkonen 2018).

Mit Daten richtig umgehen: Manchmal ist weniger mehr

Zu viele Unternehmen fokussieren sich beim Management des Kundenwertes darauf, den Wert eines Kunden für das Unternehmen zu optimieren. Tatsächlich muss es aber darum gehen, den Wert des Unternehmens für den Kunden zu optimieren; zu wenige Manager vertrauen darauf, dass sich dies nachhaltig auf den Erfolg auswirkt (vgl. Esch/Kochann 2018: 16).

Die Faszination für Digitalisierung im Zusammenhang mit CEM beruht u.a. auf der großen Menge an Daten, die an den digitalen Kundenkontaktpunkten erzeugt werden (vgl. Krämer et al. 2016: 11). Exa- (10^{18}) und Zettabyte (10^{21}) haben sich als Referenzeinheiten etabliert. 'Mehr Daten' ist allerdings häufig eine nur unzureichende Antwort auf die neuen Herausforderungen der Digitalisierung. Vielmehr besteht die Gefahr, einer 'Big Data Myopia' zu erliegen.

Big Data Analytics ersetzt weder den Geschäfts- noch den Spürsinn. Auch die detailliertesten Kaufverhaltensdaten erlauben keine perfekten Voraussagen, und eine – im wörtlichsten Sinne – Inaugenscheinnahme der realen Gegebenheiten sowie ein solides Verständnis für die Bedürfnisse und Präferenzen der Kunden ist durch nichts zu ersetzen (vgl. Goad/Robinson 2018: 5; Krajicek 2015: 42). Die Unternehmung muss dabei lernen, mit Unsicherheit und Ungenauigkeit zu leben: All the models are wrong, but some are useful (vgl. Box 1976: 792). Entsprechend sollte eine Technologie nicht (nur) deshalb genutzt werden, weil sie verfügbar ist. Dies ist deshalb wichtig, da trotz eines ausgeprägten Kundenfokus nicht jede Kundeninteraktion zwingend personalisiert sein muss (vgl. Krajicek 2015: 42).

Mitarbeiter, die zugleich Daten und Kunden verstehen, sind rar

Viele Unternehmen nutzen das Erkenntnispotential qualitativ hochwertiger Daten nur unzureichend (vgl. Henke et al. 2016: 21; Nwankwo 1995: 13). Häufig bilden nicht Daten den limitierenden Faktor, sondern die Fähigkeit, aus diesen handlungsbezogenes Wissen abzuleiten. Dies betrifft auch Systeme, insbesondere jedoch Personen. Wenn große Datenmengen auf Umwegen mühsam durch Excel geschoben anstatt mit adäquaten Tools analysiert werden, sind große Datenmengen mehr Last als Nutzen. Um aus losen Informationen durch Vernetzung gezieltes Kundenwissen aufzubauen, bedarf es sowohl erstklassiger Datenanalysten als auch im Umgang mit Analyseergebnissen geübter Entscheider. Das McKinsey Global Institute attestiert für das Jahr 2018 alleine in den USA eine Lücke von rund 180.000 Datenanalyseexperten und 1.500.000 qualifizierten Entscheidungsträgern (vgl. Manyika et al. 2011: 10f.). Eine in quantitativer und / oder qualitativer Hinsicht unzureichende Personalausstattung ist daher für rund die Hälfte der Unternehmen eine zentrale Hürde bei der Implementierung von Big Data Analytics (vgl. Russom 2011: 12).

Während viele Unternehmen mit Digitalisierung bei den vorhandenen Arbeitsplatztechnologien ansetzen, ist der zentrale Stellhebel der Mitarbeiter: Mitarbeiter sind an 60 Prozent der begeisternden und sogar an 70 Prozent der frustrierenden Erlebnisse beteiligt (vgl. Esch/Kochann 2018: 16). Zudem besteht die Gefahr, sich zu stark auf existierende Kunden zu konzentrieren und Neukunden aus dem Auge zu verlieren. Die Existenz geeigneter Kandidaten für solche Rollen ist vornehmlich eine Aufgabe der Personalabteilung. Da Mitarbeiter, die Datenanalysekenntnisse und Kundenwissen vereinen, gefragt sind, liegt es nahe, im Wege von Personalqualifizierungsmaßnahmen beide Fähigkeiten gezielt weiterzuentwickeln.

Die Anreizsysteme auf Customer Experience trimmen

Anreizsysteme haben zum Ziel, Mitarbeiter auf die Ziele des Unternehmens hin auszurichten (vgl. Lingnau/Willenbacher 2013: 3). Übliche Vergütungssysteme zielen dabei insbesondere auf Erfolgs-KPIs wie Umsatz, Gewinn oder die Erreichung strategischer Ziele ab. Wer sein Unternehmen kundenorientiert ausrichten will, der muss sicherstellen, dass Kundenzufriedenheit, Kundenloyalität und Kundenerlebnis Elemente sind, die gemessen, in KPIs gebündelt und Teil des unternehmensinternen Anreizsystems werden (vgl. Frow/Payne 2007: 99). Nur wenn Kundenorientierung von jedem Mitarbeiter zu jedem Zeitpunkt im Blick behalten wird, ist digitale Exzellenz möglich. Dabei sind die Kennzahlen intelligent zu wählen. Denn nicht jede Kundeninteraktion gelingt, und nicht immer trägt der Mitarbeiter dafür die Verantwortung. Kunden, die sich im direkten Dialog respektlos gegenüber Mitarbeitern verhalten, müssen beispielsweise auch in der Zukunft klare Grenzen aufgezeigt bekommen. Zumindest ebenso wichtig sind kundenbezogene KPIs dort, wo man den Kunden nicht zu Gesicht bekommt (vgl. Frow/Payne 2007: 99). So könnte die Pricing-Abteilung an der Geschwindigkeit gemessen werden, in der Sonderpreisanfragen bearbeitet werden, und die Kundenorientierung einer Analyseabteilung könnte sich anhand der Qualität ihrer Handlungsempfehlungen bewerten lassen.

8   Zusammenfassende Betrachtung

Hilft CEM, die Digitalisierung zu meistern? Richtig gemacht ja! Es ist allerdings ein weiter und mitunter steiniger Weg, der kulturelle Veränderungen im eigenen Unternehmen erfordert. Es überrascht, wenn neun von zehn Unternehmen angeben, einen digitalen Transformationsprozess eingeleitet zu haben, aber nur ein Viertel der Probanden ein solides Verständnis von den digitalen Touchpoints besitzt (vgl. Bloomberg 2014). Selbst Manager, welche die Anschaffung von Technologie zur Unterstützung eines nachhaltigen CEM scheuen, können auf dem Weg zu mehr Kundenorientierung starten. Denn obwohl Kundenorientierung seit mehreren Jahrzehnten diskutiert wird, ist sie nur in den wenigsten Unternehmen die oberste Maxime des Handelns.

Handlungsempfehlungen

1. Digitalisierung beschäftigt alle Unternehmen. Auch wenn der Druck groß ist, schnell Fortschritte nachzuweisen, ist eine Priorisierung der Kultur unumgänglich.

2. Nehmen Sie sich Zeit für die im Kontext einer Digitalisierung notwendigen kulturellen Veränderungen des Unternehmens. Erarbeiten Sie gemeinsam mit ihren Mitarbeitern, wie die Arbeit von morgen aussehen soll, und schaffen Sie so Akzeptanz für den Veränderungsprozess.

3. Achten Sie darauf, dass in der neuen Organisation nicht alte Silos erneut errichtet werden. Schneiden Sie Führungsfunktionen so zu, dass die Mitarbeiter zu übergreifendem Denken und Handeln gezwungen sind.

4. Befreien Sie das Anreizsystem soweit wie möglich von Konflikten zwischen den Zielen unterschiedlicher Teile der Prozesskette. Legen Sie für die Handvoll unumgänglicher Zielkonflikte fest, welcher KPI im Zweifel Priorität hat.

5. Stellen Sie sicher, dass Digitalisierung und CEM die Aufmerksamkeit des Top Managements genießt. Ohne dessen konsequentes Handeln ist CEM nicht effektiv.

6. Es braucht keiner Verankerung von Customer Experience als Stabsstelle oder Abteilung in der Organisationsstruktur. Eine Organisation ist als Ganzes kundenorientiert oder nicht.

Bingemer, Stephan; Ohlwein, Martin: Mit Customer Experience Management die Digitalisierung meistern – Die Rolle von Unternehmenskultur und -organisation

Literaturverzeichnis

Accenture (Hrsg.) (2015): Improving customer experience is top business priority for companies pursuing digital transformation, according to Accenture study (https://newsroom.accenture.com/news/improving-customer-experience-is-top-business-priority-for-companies-pursuing-digital-transformation-according-to-accenture-study.htm). Abgerufen am 20.11.2020.

Blocker, C. P.; Flint, D. J.; Myers, M. B.; Slater, S. F. (2011): Proactive customer orientation and its role for creating customer value in global markets. In: Journal of the Academy of Marketing Science, 39. (2011), Nr. 2, S. 216-233.

Bloomberg, J. (2014): Digital transformation by any other name? (https://www.forbes.com/sites/jasonbloomberg/2014/07/31/digital-transformation-by-any-other-name/#3722ca053503). Abgerufen am 20.11.2020.

Box, G. E. P. (1976): Science and statistics. In: Journal of the American Statistical Association, 71. (1976), Nr. 356, S. 791-799.

Chakravorti, S. (2011): Managing organizational culture change and knowledge to enhance customer experiences. Analysis and framework. In: Journal of Strategic Marketing, 19. (2011), Nr. 2, S. 123-151.

Day, G. S. (2011): Closing the marketing capabilities gap. In: Journal of Marketing, 75. (2011), Nr. 4, S. 183-195.

Eichsteller, H.; Seitz, J. (2017): Studie Digital Dialog Insights 2017. Status Quo, Trends & Perspektiven im digitalen Dialogmarketing. Köln : Bundesanzeiger-Verl. (Medien und Management).

Erdem, T.; Keller, K. L.; Kuksov, D.; Pieters, R. (2016): Understanding branding in a digitally empowered world. In: International Journal of Research in Marketing, 33. (2016), Nr. 1, S. 3-10.

Esch, F.-R.; Kochann, D. (2018): Den Kunden muss das Produkt gefallen. In: Frankfurter Allgemeine Zeitung, 13.08.2018, Nr. 186, S. 16.

Frow, P.; Payne, A. (2007): Towards the 'perfect' customer experience. In: Journal of Brand Management, 15. (2007), Nr. 2, S. 89-101.

Garvin, D. A.; Roberto, M. A. (2005): Change through persuasion. In: Harvard Business Review, 83. (2005), Nr. 2, S. 104-112.

Goad, N.; Robinson, J. (2018): Use big data to give local shoppers what they want (https://www.bcg.com/publications/2018/use-big-data-give-local-shoppers-what-they-want.aspx). Abgerufen am 20.11.2020.

Hagen, P. (2011): The rise of the chief customer officer. In: A Harvard Business Review Insight Center Report (2011), S. 35-36.

Harris, L. C.; Ogbonna, E. (2002): The unintended consequences of culture interventions. A study of unexpected outcomes. In: British Journal of Management, 13. (2002), Nr. 1, S. 31-49.

Henke, N.; Bughin, J.; Chui, M.; Manyika, J.; Saleh, T.; Wiseman, B. et al. (2016): The age of analytics. Competing in a data-driven world. McKinsey Global Institute.

Homburg, C.; Jozić, D.; Kuehnl, C. (2017): Customer experience management. Toward implementing an evolving marketing concept. In: Journal of the Academy of Marketing Science, 45. (2017), Nr. 3, S. 377-401.

Kiani-Kreß, R. (2018): Digitalisierung brutal. In: Wirtschaftswoche (2018), Nr. 23, S. 46-49.

Krajicek, D. (2015): When opposites attract. In: Marketing Research, 27. (2015), Nr. 4, S. 38-43.

Krämer, A.; Tachilzik, T.; Bongaerts, R. (2016): Automatisierung im Kundenbeziehungsmanagement. Chance oder Risiko für Unternehmen? In: Marketing Review St. Gallen, 33. (2016), Nr. 4, S. 10-17.

Lemke, F.; Clark, M.; Wilson, H. (2011): Customer experience quality. An exploration in business and consumer contexts using repertory grid technique. In: Journal of the Academy of Marketing Science, 39. (2011), Nr. 6, S. 846-869.

Lemon, K. N.; Verhoef, P. C. (2016): Understanding customer experience throughout the customer journey. In: Journal of Marketing, 80. (2016), Nr. 6, S. 69-96.

Lingnau, V.; Willenbacher, P. (2013): Die Rolle des Controllings bei der Gestaltung von Anreizsystemen. Kaiserslautern : Lehrstuhl für Unternehmensrechnung und Controlling, Techn. Univ. (Beiträge zur Controlling-Forschung, Bd. 24).

Löffler, M.; Gouthier, M. (2017): Strategie-Initiative "Customer-Experience-Management". Kundenbegeisterung bei der Porsche AG. In: Marketing Review St. Gallen, 34. (2017), Nr. 1, S. 54-63.

Manyika, J.; Chui, M.; Brown, B.; Bughin, J.; Dobbs, R.; Roxburgh, C. et al. (2011): Big data. The next frontier for innovation, competition, and productivity. McKinsey Global Institute.

Marketing Science Institute (Hrsg.) (2014): Research priorities 2014-2016. Cambridge, MA.

Marketing Science Institute (Hrsg.) (2016): Research priorities 2016-2018. Cambridge, MA.

Marketing Science Institute (Hrsg.) (2018): Research priorities 2018-2020. Cambridge, MA.

MUUUH! Consulting (Hrsg.) (2018): CRM-Studie 2018. Der Richtungsweiser für erfolgreiches Kundenbeziehungsmanagement. Osnabrück.

Nwankwo, S. (1995): Developing a customer orientation. In: Journal of Consumer Marketing, 12. (1995), Nr. 5, S. 5-15.

Russom, P. (2011): Big data analytics. Renton, WA (TDWI Best Practices Report).

Rust, R. T. (2006): From the editor. The maturation of marketing as an academic discipline. In: Journal of Marketing, 70. (2006), Nr. 3, S. 1-2.

Schneider, B.; Wheeler, J. K.; Cox, J. F. (1992): A passion for service: Using content analysis to explicate service climate themes. In: Journal of Applied Psychology, 77. (1992), Nr. 5, S. 705-716.

Schneider, B.; White, S. S.; Paul, M. C. (1998): Linking service climate and customer perceptions of service quality. Tests of a causal model. In: Journal of Applied Psychology, 83. (1998), Nr. 2, S. 150-163.

Sinkkonen, J. (2018): Customer experience, whose business is it? (https://lumoa.me/blog/customer-experience-roles). Abgerufen am 20.11.2020.

Thompson, G. (2015): The leader is architect. In: Leadership Excellence Essentials, 32. (2015), Nr. 11, S. 10-11.

Zetsche, D. (2016): Bremst Erfolg den Erfolg? (https://www.xing.com/news/klartext/bremst-erfolg-den-erfolg-713). Abgerufen am 20.11.2020.

Die Autoren

Prof. Dr. Stephan **Bingemer** ist Wirtschaftsingenieur mit technischer Fachrichtung Elektrotechnik und Informationstechnik (TU Darmstadt). Er promovierte am Lehrstuhl für Business-to-Business Marketing, Sales & Pricing an der Universität Mannheim (Prof. Dr. Dr. h.c. mult. Christian Homburg). Zwischen 2008 und 2017 war er bei der Deutschen Lufthansa AG in verschiedenen Vertriebs- und Managementpositionen beschäftigt, zuletzt als Head of Distribution Solutions. Von Oktober 2017 bis Februar 2020 war er Professor für Allgemeine Betriebswirtschaftslehre und Tourismus an der International School of Management, Campus Frankfurt und Studiengangsleiter für das berufsbegleitende Bachelorprogramm. Bingemer wurde am 1.3.2020 zum Professor für Travel Technology und E-Business an die Fakultät International Business der Hochschule Heilbronn berufen. Er ist als Speaker und Berater tätig und ist wissenschaftlicher Beirat der im Bereich der Airline-Distribution tätigen AirGateway GmbH.

Prof. Dr. Martin **Ohlwein** studierte Betriebswirtschaftslehre mit den Schwerpunkten Marketing, Internationales Management und Statistik an der Universität Mannheim. Nach seinem Diplomabschluss arbeitete er an dieser Hochschule als wissenschaftlicher Mitarbeiter am Lehrstuhl für Allgemeine Betriebswirtschaftslehre und Marketing I und promovierte an der dortigen Fakultät für Betriebswirtschaftslehre. Seit 1999 war er als Unternehmensberater tätig, u. a. im Frankfurter Büro von The Boston Consulting Group. In dieser Zeit entwickelte er für Klienten aus verschiedenen Branchen u. a. internationale Produktbereichs- und Markteintrittsstrategien. Für eine Karriere im Marketing entschied er sich, da er einen direkten Beitrag leisten wollte, Unternehmen marktorientiert zu steuern und auf diesem Weg neue Erfolgspotenziale zu erschließen sowie einen Wettbewerbsvorteil zu erzielen. Es folgten seit 2005 Positionen als u. a. für die Konzernmarktforschung verantwortlicher Vice President im Brand Management der Hilti AG (Fürstentum Liechtenstein) sowie als Mitglied der Geschäftsführung von Hilti Emirates LLC (Vereinigte Arabische Emirate), in der er für Marketing und die Vertriebskanäle verantwortlich zeichnete. Seit 2011 lehrt Ohlwein Marketing, Marktforschung, Strategisches Management und Businessplanung am Frankfurter Campus der International School of Management. Seit seinem Ausscheiden aus der Industrie arbeitet er zudem als selbstständiger Berater und Coach und ist Mitglied verschiedener Beiräte diverser Organisationen.

Bingemer, Stephan; Ohlwein, Martin: Mit Customer Experience Management die Digitalisierung meistern – Die Rolle von Unternehmenskultur und -organisation

International School of Management

Die International School of Management (ISM) zählt zu den führenden privaten Wirtschaftshochschulen in Deutschland. In den einschlägigen Hochschulrankings rangiert die ISM regelmäßig an vorderster Stelle.

Die ISM hat Standorte in Dortmund, Frankfurt/Main, München, Hamburg, Köln, Stuttgart und Berlin. An der staatlich anerkannten, privaten Hochschule in gemeinnütziger Trägerschaft wird der Führungsnachwuchs für international orientierte Wirtschaftsunternehmen in kompakten, anwendungsbezogenen Studiengängen ausgebildet. Alle Studiengänge der ISM zeichnen sich durch Internationalität und hohe Lehrqualität aus. Projekte in Kleingruppen gehören ebenso zum Hochschulalltag wie integrierte Auslandssemester und -module an einer der rund 190 Partneruniversitäten der ISM.

Mit dem ISM Working Paper werden Ergebnisse von Arbeiten präsentiert, wie z. B. Thesen, Ergebnisse aus Workshops oder aus eigenen Forschungsarbeiten. Ähnlich wie beim Research Journal for Applied Management, das ebenfalls zu den neuen ISM Publikationsreihen gehört, werden die Beiträge im ISM Working Paper einem fachlichen Bewertungsverfahren (Peer Review) unterzogen.

In der Reihe „Working Paper" bisher erschienen:

No. 1   Brock, S.; Antretter, T.: Kapitalkostenermittlung als Grauzone wertorientierter Unternehmensführung, 2014

No. 2   Ohlwein, M.: Die Prüfung der globalen Güte eines Kausalmodells auf Stabilität mit Hilfe eines nichtparametrischen Bootstrap-Algorithmus, 2015

No. 3   Lütke Entrup, M.; Simmert, D. B.; Tegethoff, C.: Die Entwicklung des Working Capital in Private Equity Portfoliounternehmen, 2017

No. 4   Ohlwein, M.: Kultur- vs. regionenbezogene Abgrenzung von Ländergruppen. Eine clusteranalytische Untersuchung auf Basis der Kulturdimensionen nach Hofstede, 2017

No. 5   Lütke Entrup, M.; Simmert, D. B.; Caspari, L.: Die Performance von deutschen Portfoliounternehmen nach Private Equity Buy-outs, 2017

No. 6   Brickau, R. A.; Cornelsen, J.: The impact of visual subliminal triggers at the point of sale on the consumers' willingsness to purchase – A critical investigation into gender differences, 2017

No. 7   Hampe, L.; Rommel, K.: Einflüsse von kognitiven Verzerrungen auf das Anlageverhalten deutscher Privataktionäre, 2017

No. 8   Brickau, R. A.; Röhricht, J.: Archaische Gesten im POS-Marketing – Die Nutzung archaischer Gesten in der Display- und Plakatwerbung, 2017

No. 9   Fontanari, M.; Kredinger, D.: Risiko- und Resilienzbewusstsein. Empirische Analysen und erste konzeptionelle Ansätze zur Steigerung der Resilienzfähigkeit von Regionen, 2017

No. 10   Schröder, C.; Weber, U.: Integration von Flüchtlingen in den Arbeitsmarkt als Chance für Diversity Management: Einführung und ausgewählte Beispiele im Kreis Steinfurt, 2017

No. 11   Zimmermann, N. A.; Gericke, J.: Supply Chain Risiko-management – Analyse des Status Quo und neuer Entwicklungstendenzen, 2018

No. 12   Haberstock, P.; Weber, G.; Jägering, C.: Process of Digital Transformation in Medium-Sized Enterprises - an Applied Re-search Study, 2018

Bingemer, Stephan; Ohlwein, Martin: Mit Customer Experience Management die Digitalisierung meistern – Die Rolle von Unternehmenskultur und -organisation

No. 13   Potaszkin, I.; Weber, U.; Groffmann, N.: „Die süße Alternative"
Smart Health: Akzeptanz der Telemedizin bei Diabetikern, 2018

No. 14   Holthaus, L.; Horn, C.; Perret, J. K.: E-Commerce im Luxusmarken-
segment – Die Sicht deutscher Kundinnen am Beispiel Chanel,
2020

No. 15   Bingemer, S.; Ohlwein, M.: Mit Customer Experience Management die Digitalisierung meistern – Die Rolle von Unternehmenskultur und -organisation, 2020